COURS ÉLÉMENTAIRE

DE

PERSPECTIVE LINÉAIRE

A L'USAGE

DES ÉCOLES DES BEAUX-ARTS, DE DESSIN,
DES ARTISTES, ARCHITECTES, ETC.,

PAR D^E GIRARDON,

PROFESSEUR DE PERSPECTIVE, GÉOMÉTRIE ET STÉRÉOTOMIE
à l'École des Beaux-Arts de Lyon
ET PROFESSEUR DE MATHÉMATIQUES, PHYSIQUE ET MÉCANIQUE
à l'École la Martinière.

TOME SECOND.

(ATLAS).

LYON.

CHARLES SAVY JEUNE, LIBRAIRE-EDITEUR,
Place Bellecour, 14.

1850.

COURS ÉLÉMENTAIRE

DE

PERSPECTIVE LINÉAIRE.

LYON. — IMP. NIGON, RUE CHALAMONT, 5.

COURS ÉLÉMENTAIRE

DE

PERSPECTIVE LINÉAIRE

A L'USAGE

DES ÉCOLES DES BEAUX-ARTS, DE DESSIN,
DES ARTISTES, ARCHITECTES, ETC.,

PAR D^É GIRARDON,

PROFESSEUR DE PERSPECTIVE, GÉOMÉTRIE ET STÉRÉOTOMIE
à l'Ecole des Beaux-Arts de Lyon
ET PROFESSEUR DE MATHÉMATIQUES, PHYSIQUE ET MÉCANIQUE
à l'Ecole la Martinière.

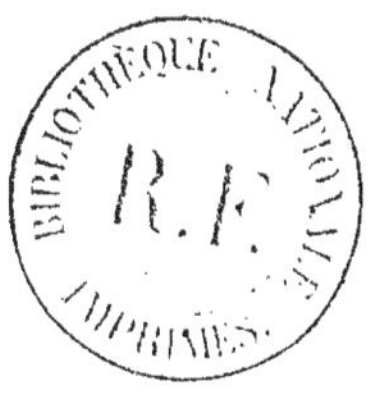

TOME SECOND.

(ATLAS).

LYON.

CHARLES SAVY JEUNE, LIBRAIRE-EDITEUR,
Place Bellecour, 14.

1850.
1851

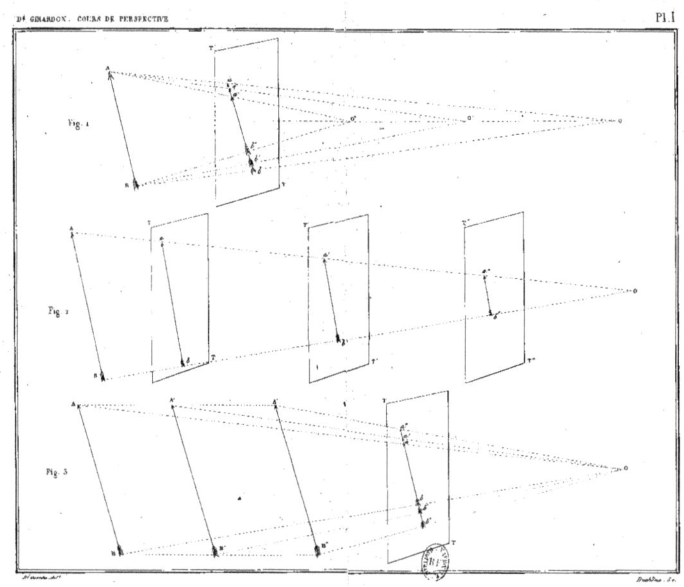
Fig. 1
Fig. 2
Fig. 3

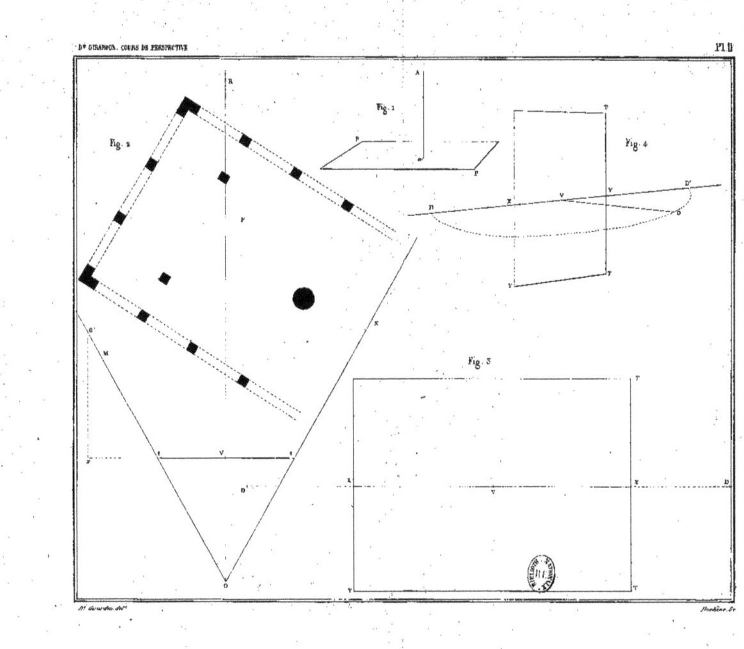
Dr GIRARDON. COURS DE PERSPECTIVE
Pl. II
Fig. 1
Fig. 2
Fig. 3
Fig. 4

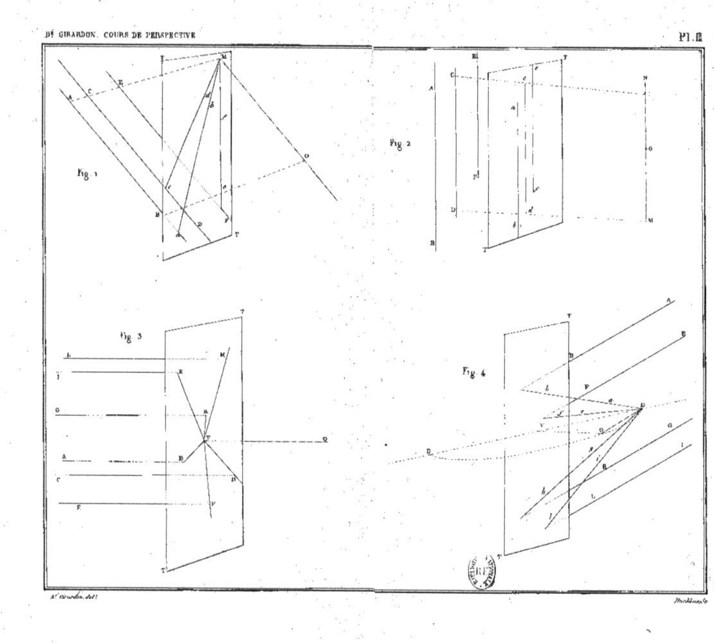
Fig. 1
Fig. 2
Fig. 3
Fig. 4

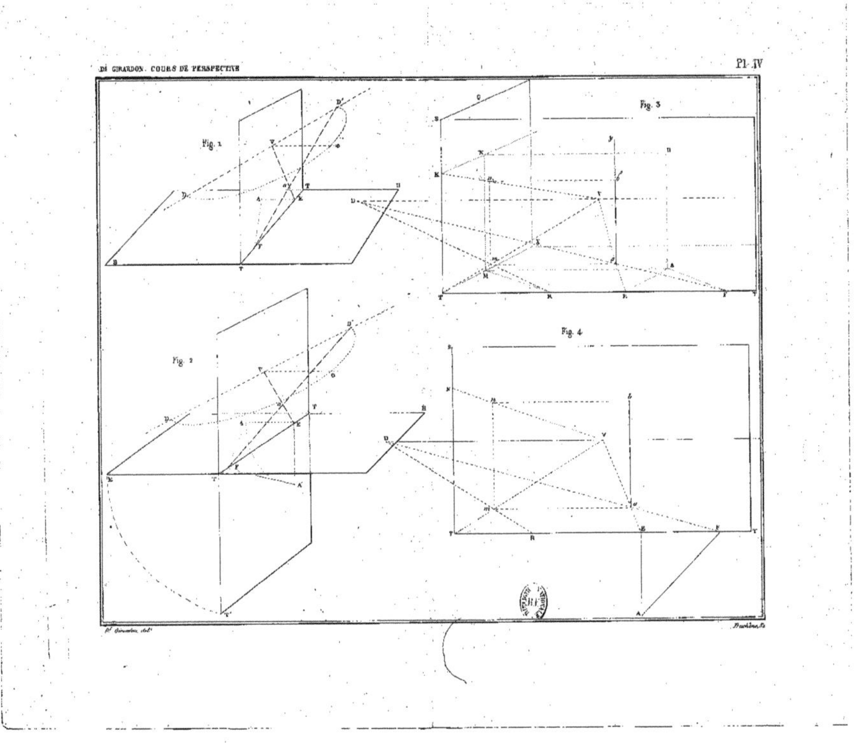
Fig. 1
Fig. 2
Fig. 3
Fig. 4

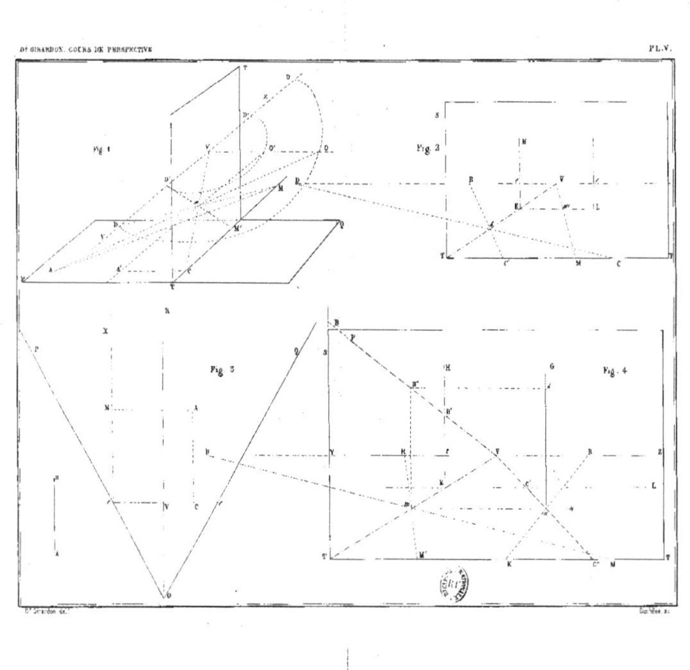

Dr Girardon del.

Dulrosse sc.

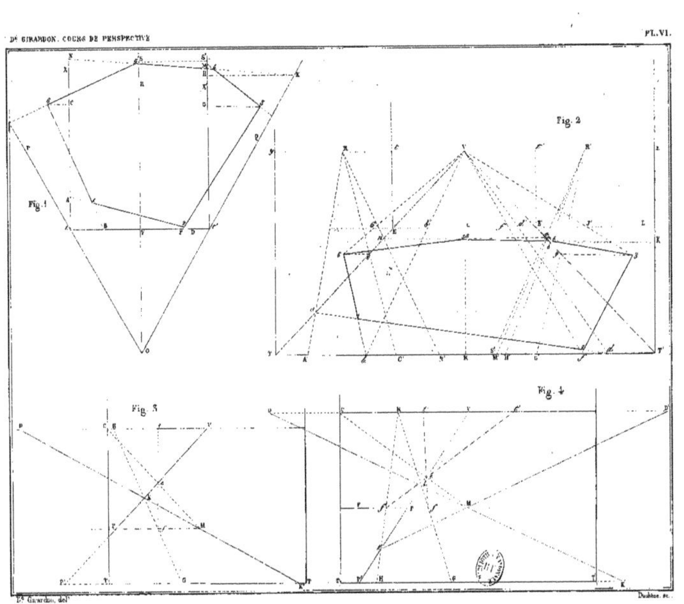

Dr Girardon, del.

Duchêne sc.

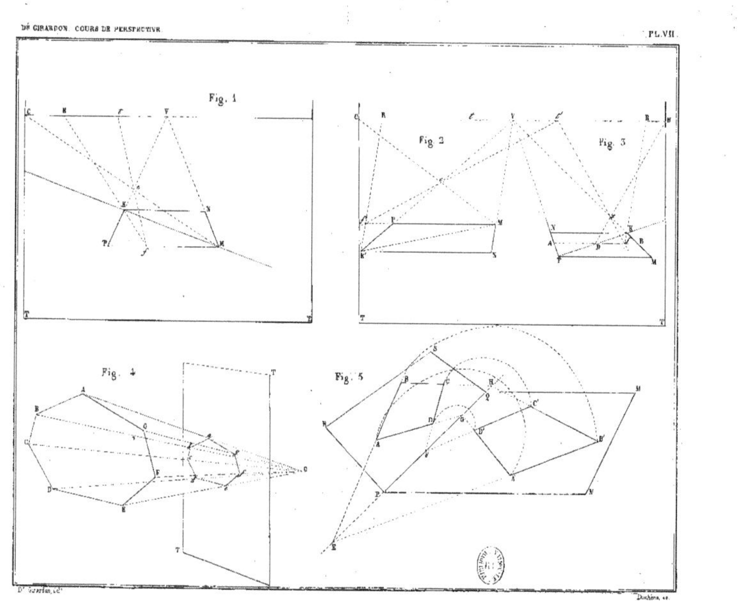
Fig. 1
Fig. 2
Fig. 3
Fig. 4
Fig. 5

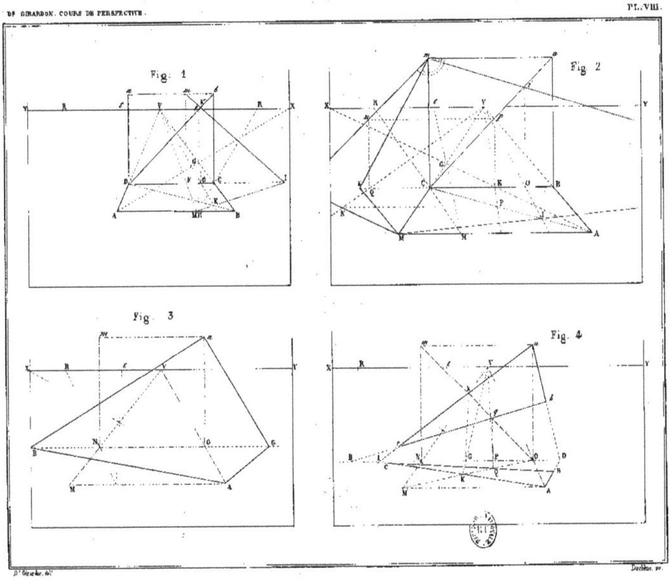

Fig. 1

Fig. 2

Fig. 3

Fig. 4

Dr Girardon, del.

Duchêne, sc.

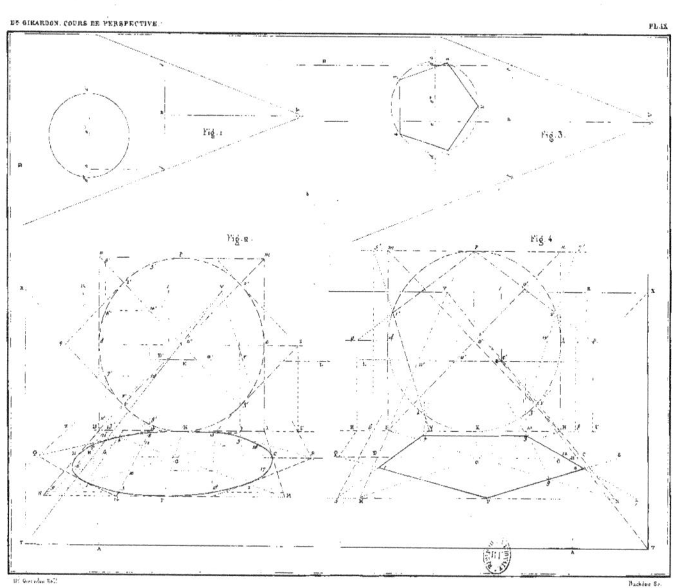

Dr Girardon del.

Bachelier Sc.

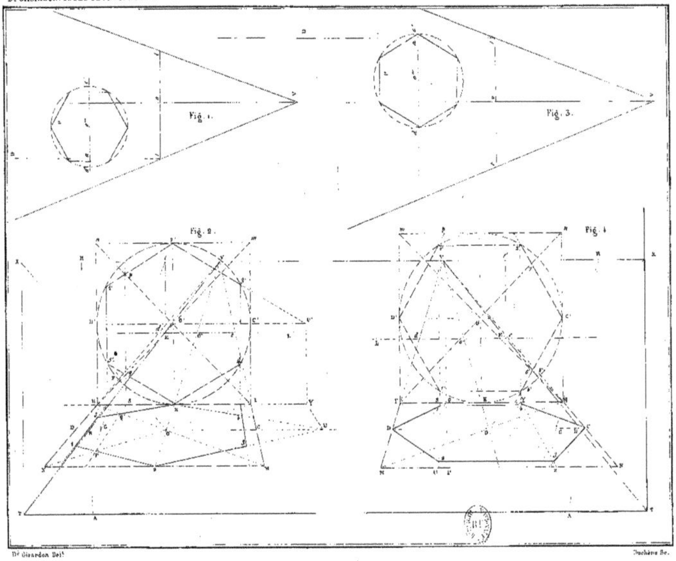

Fig. 1.

Fig. 2.

Fig. 3.

Fig. 4

Dʳ Girardon Delᵗ Duchène Sc.

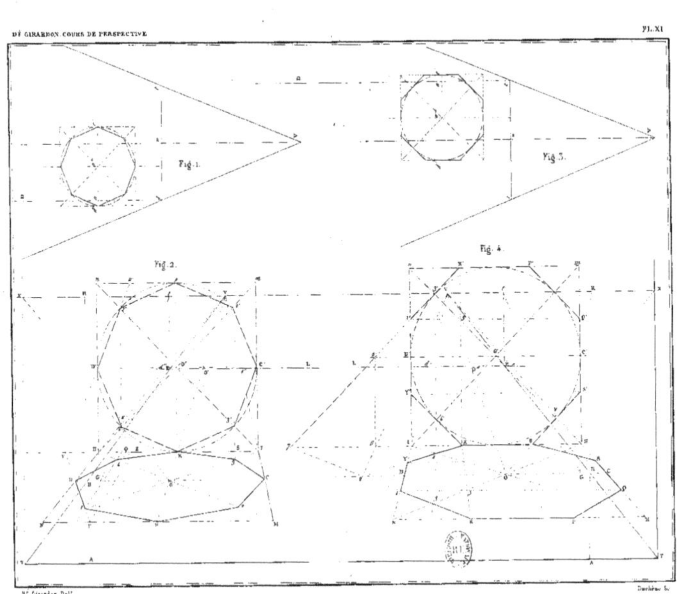

Mr Girardon Delt

Duchêne Sc

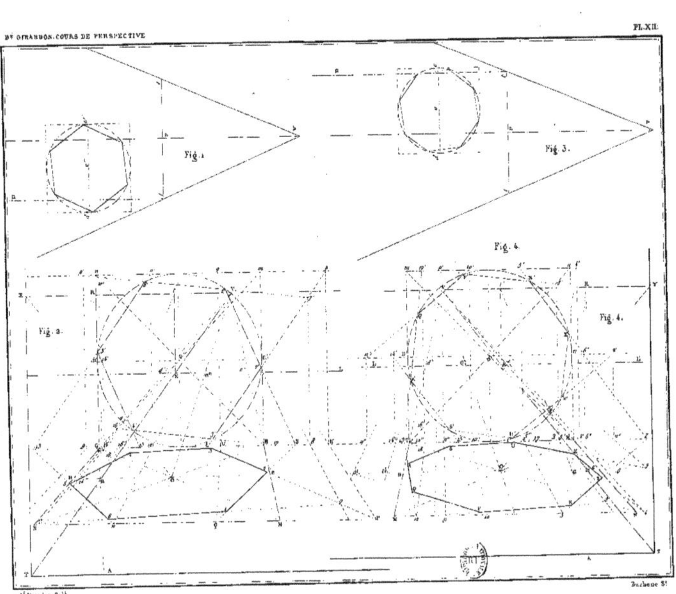
Dᵉ GIRARDON. COURS DE PERSPECTIVE
Pl. XII.
Fig. 1
Fig. 2.
Fig. 3.
Fig. 4.
Dᵉ Girardon del.
Duchene Sc.

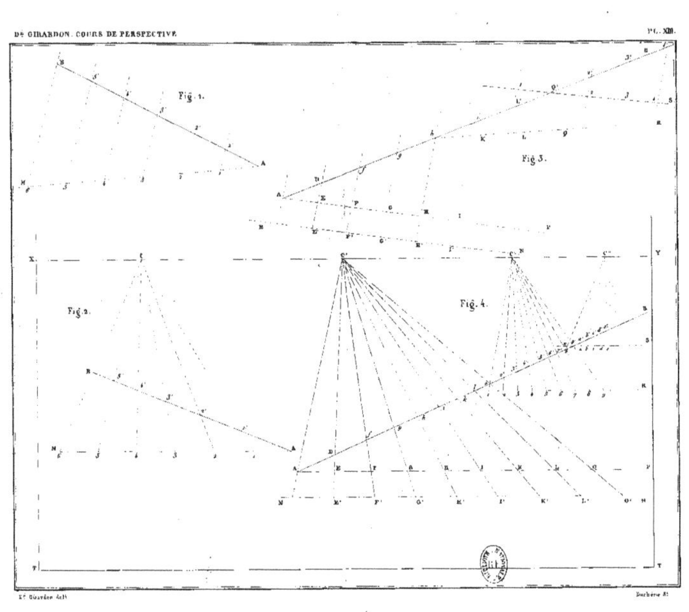

Ed. Girardon del.

Derbère Sc.

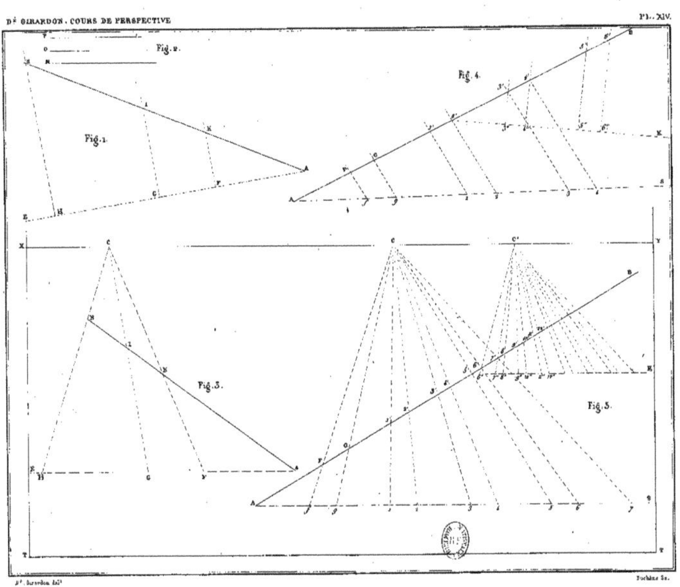

Dr Girardon delt
Pochinx Sc.

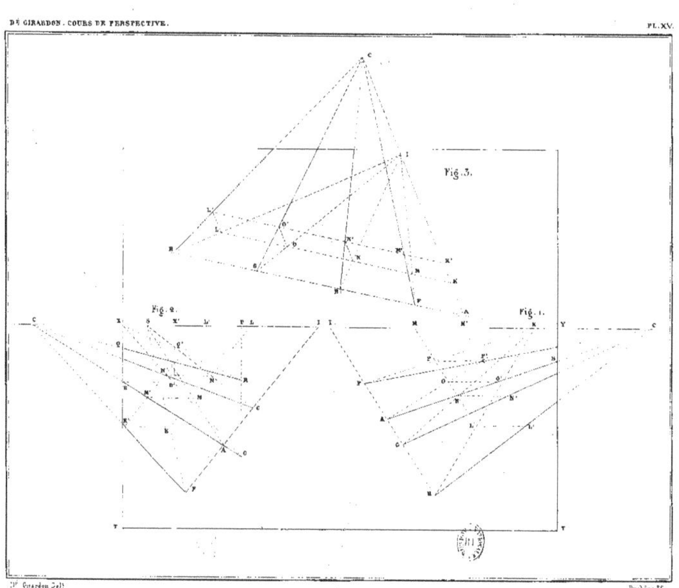

Dr Girardon Delt — Duchêne Sc

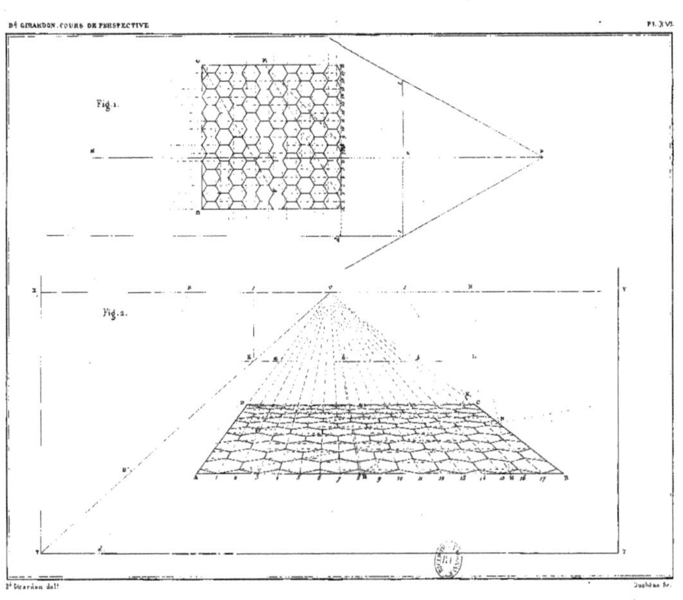

Dᴱ Girardon delᵗ Duchêne Sc.

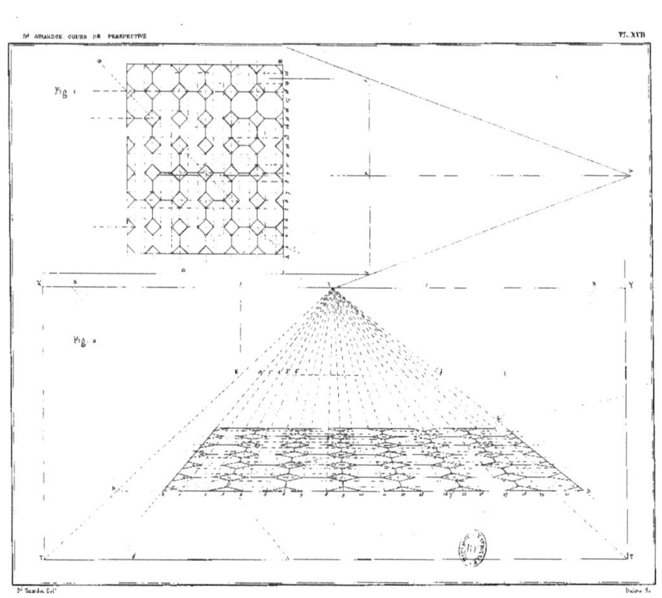

Dr Guiardon Del.

Dulos Sc.

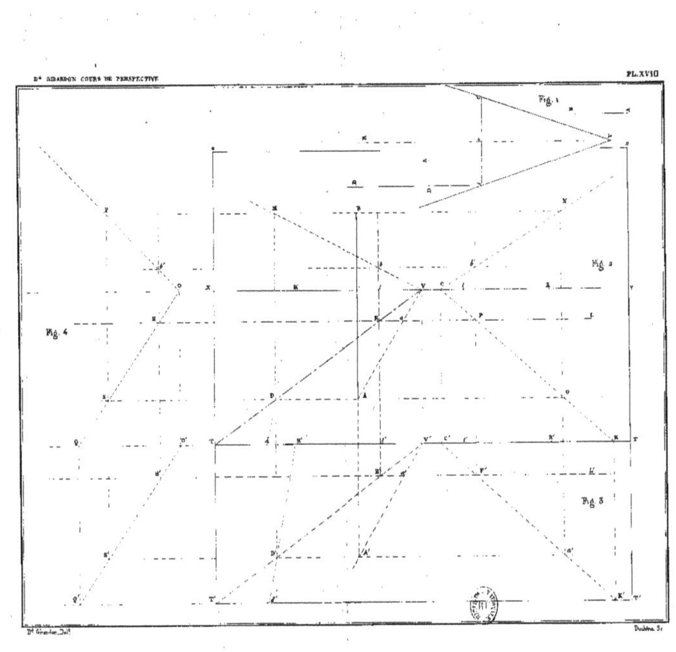

Dr Girardon, Delt Duchêne Sc

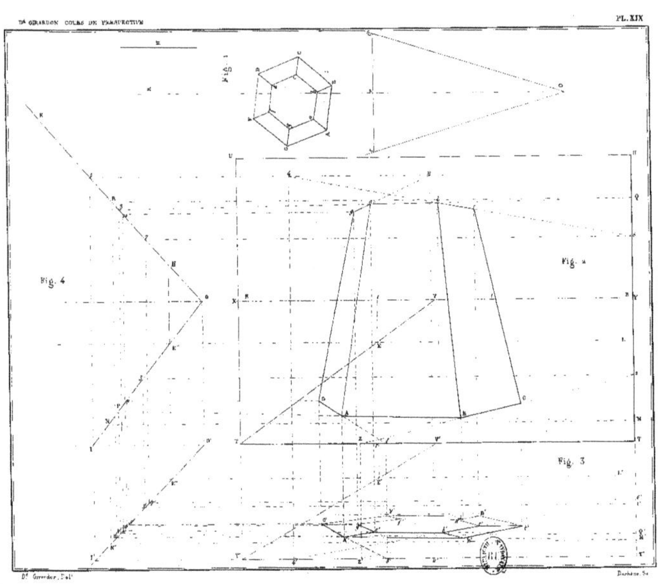
Fig. 1
Fig. 2
Fig. 3
Fig. 4

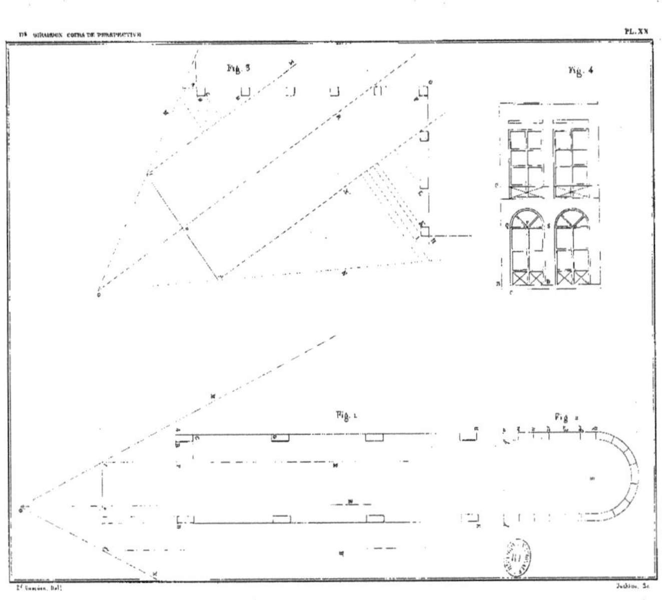
Fig. 3
Fig. 4
Fig. 1
Fig. 2

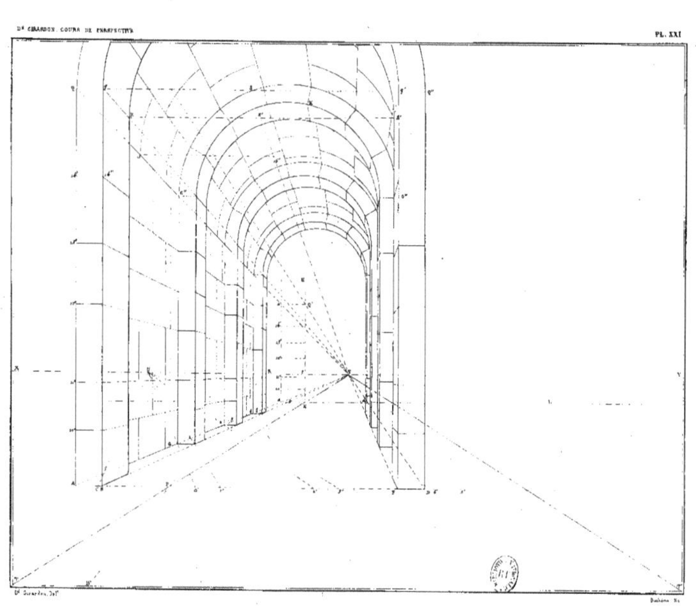

Dr Girardon. Del^t Duchêne Sc

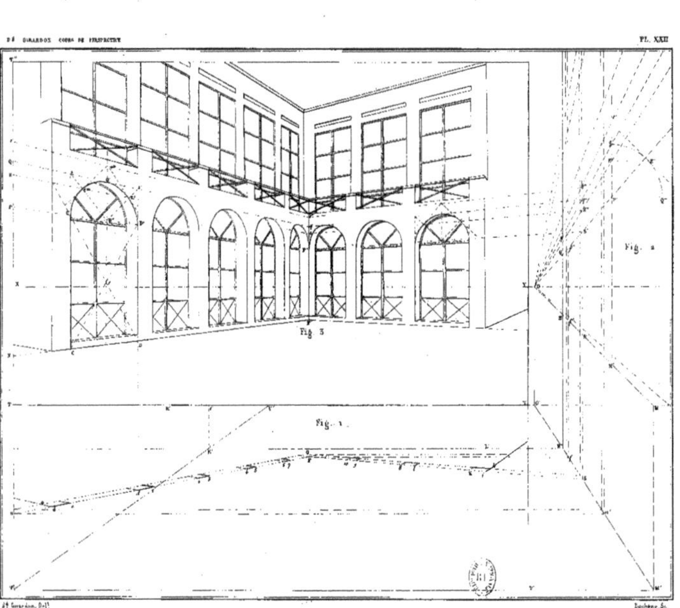

J. Girardon, Delt. Dochene Sc.

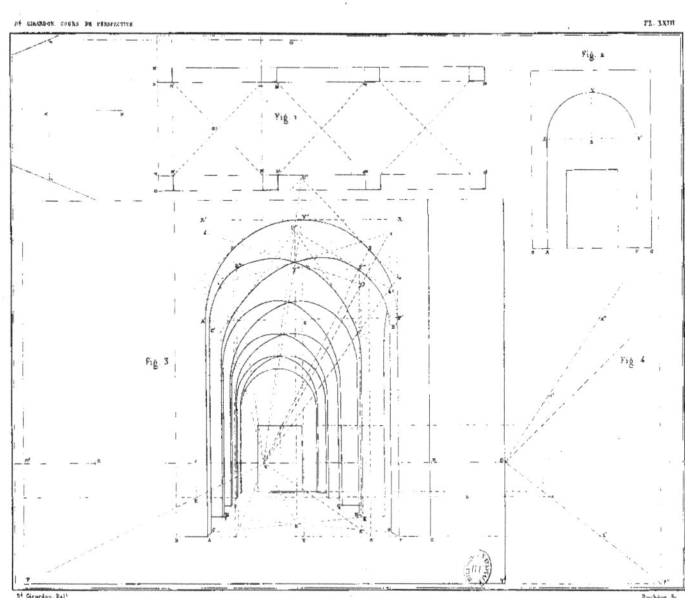

Hr Girardon, Delt
Duchêne, Sc

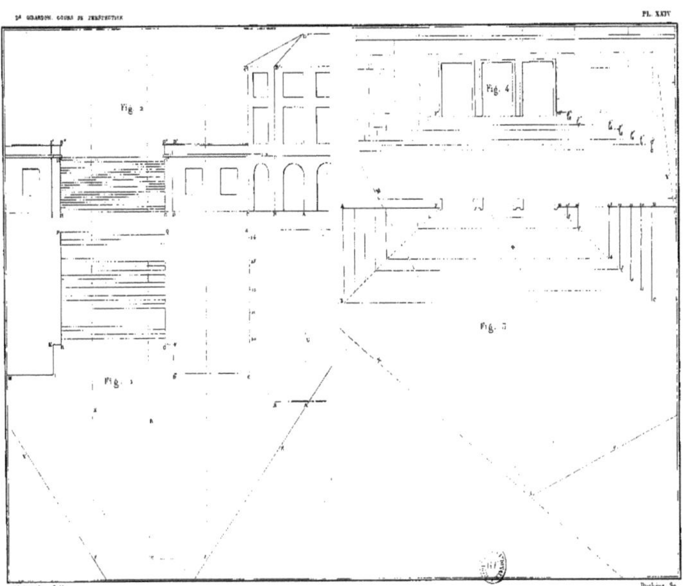

J.ᵈ Girardon, Del.ᵗ Duchâne, Sc.

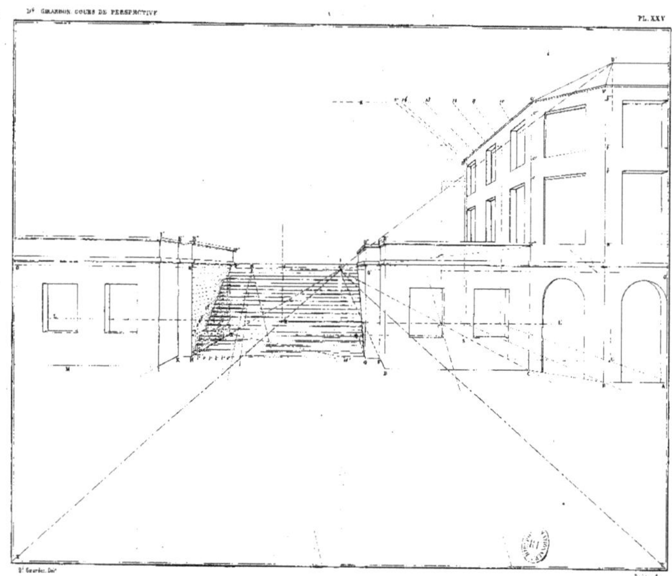

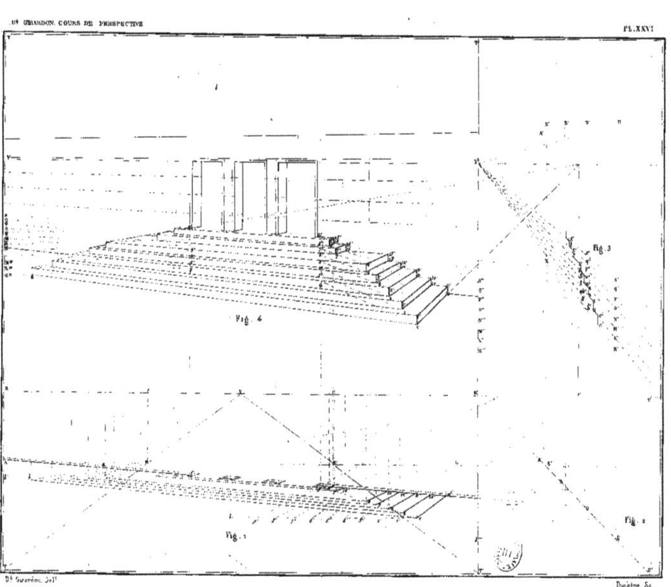

Dr Girardon, Delt

Ducâtne, Sc.

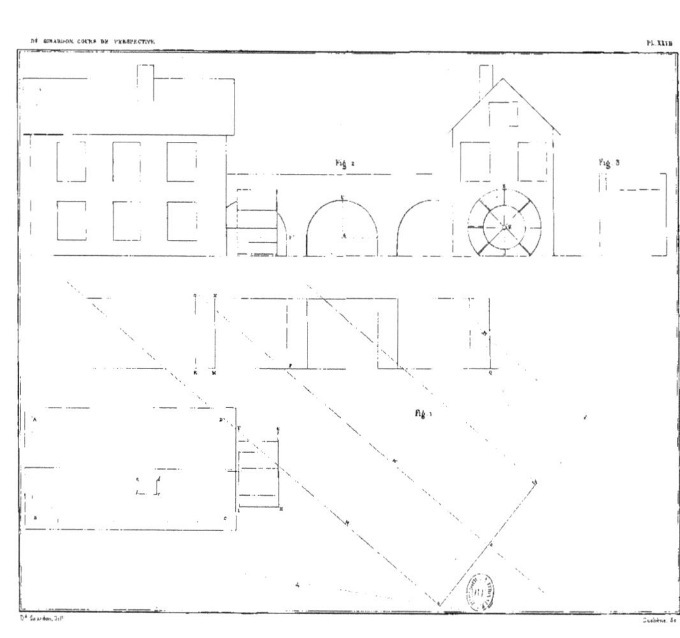

Dr Girardon, del.

Dulos, Sc.

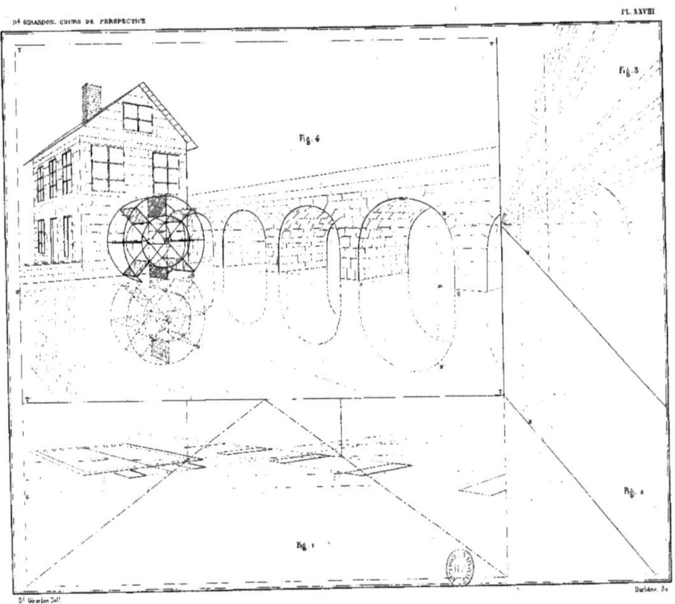
Fig. 4
Fig. 3
Fig. 2
Fig. 1
Dr Girardon Delt
Dulhène, Sc

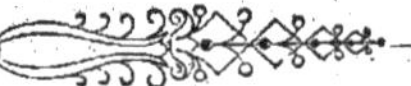

Lyon, Imp. et Lith. Nicox.

www.ingramcontent.com/pod-product-compliance
Ingram Content Group UK Ltd.
Pitfield, Milton Keynes, MK11 3LW, UK
UKHW020309220726
13923UKWH00003B/1044

9 782019 318802